curiosidad por

EL ÁREA 51

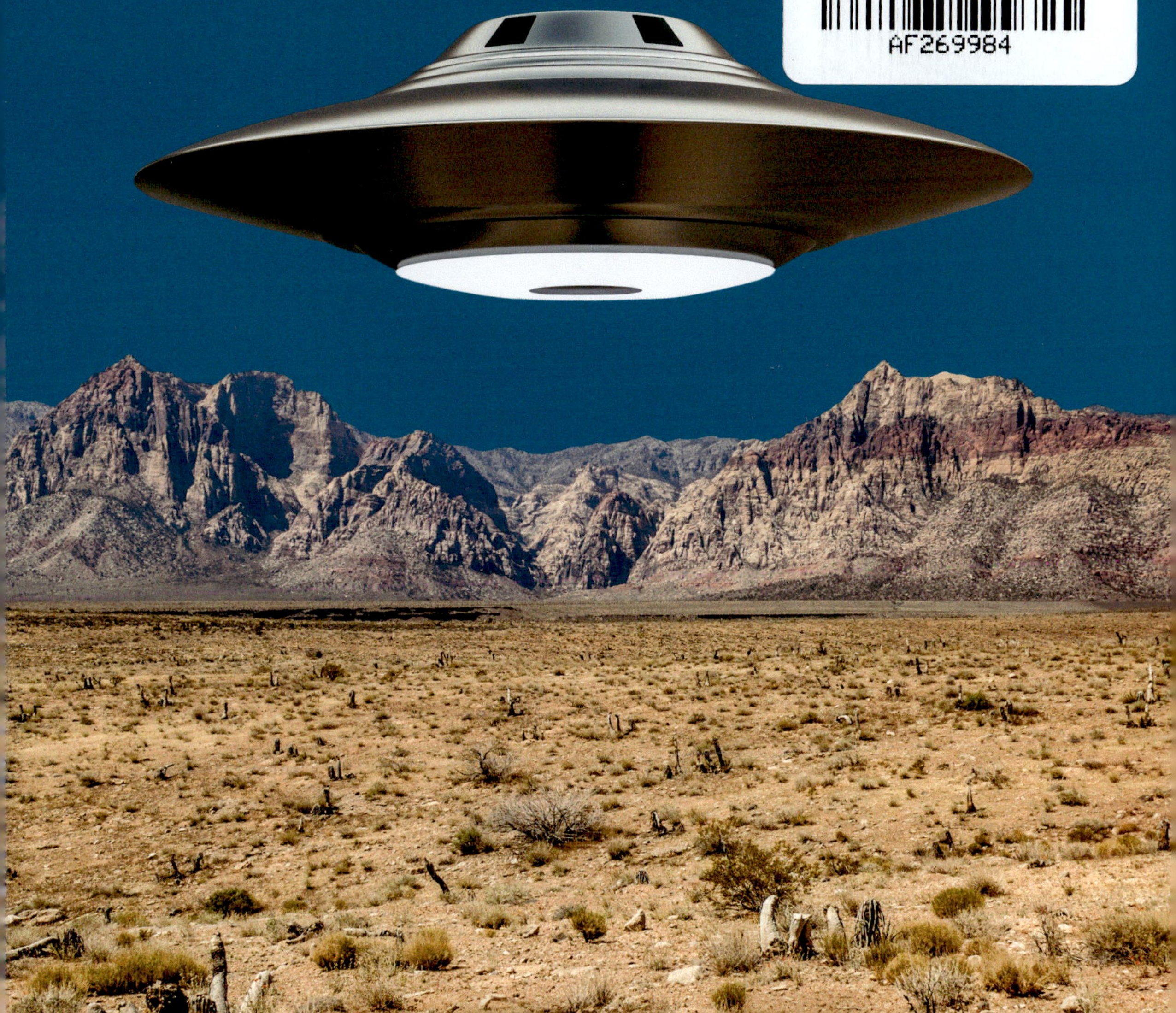

POR GILLIA M. OLSON

AMICUS LEARNING

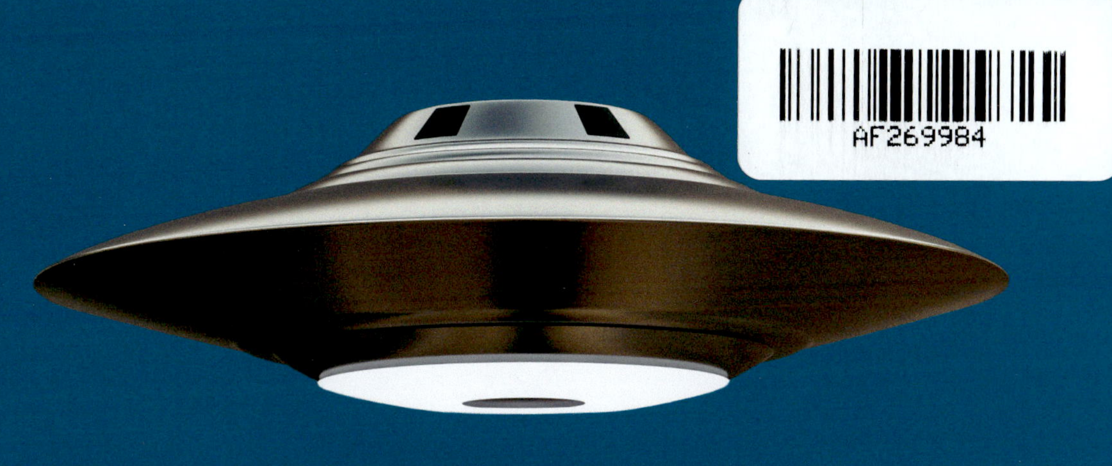

¿Qué te causa

curiosidad?

Curious About es una publicación de
Amicus Learning, un sello de Amicus
P.O. Box 227
Mankato, MN 56002
www.amicuspublishing.us

Editora: Ana Brauer
Diseñadora de la serie: Kathleen Petelinsek
Diseñadora del libro e investigadora fotográfica: Emily Dietz

Library of Congress Cataloging-in-Publication Data
Names: Olson, Gillia M., author. | Olson, Gillia
M. Curiosidad por los misterios inexplicables.
Title: Curiosidad por el Área 51 / by Gillia M. Olson.
Description: Mankato, MN : Amicus Learning, [2025] |
Series: Curiosidad por los misterios inexplicables | Includes
index. | Audience: Ages 6–9 | Audience: Grades 2–3 |
Summary: "What really happens at Area 51? Learn about
this unexplained mystery in this Spanish question-and-
answer book for elementary-aged readers. Translated into
North American Spanish. Includes infographics, table of
contents, glossary, and index"— Provided by publisher.
Identifiers: LCCN 2024024482 (print) | LCCN 2024024483
(ebook) | ISBN 9798892003131 (library binding) | ISBN
9798892003179 (paperback) | ISBN 9798892003216 (ebook)
Subjects: LCSH: Conspiracy theories—Nevada—Area
51–Juvenile literature. | Area 51 (Nev.)—Juvenile literature.
Classification: LCC UG634.5.A74 .O47318
2025 (print) | LCC UG634.5.A74 (ebook) | DDC
358.4170979314–dc23/eng/20240605
LC record available at https://lccn.loc.gov/2024024482
LC ebook record available at https://lccn.loc.gov/2024024483

Créditos fotográficos: Alamy Stock Photo/Tibbut Archive, 9
(medio); Getty Images/BRIDGET BENNETT, 7, DigitalGlobe
ScapeWare3d, 4-5, Keystone, 9 (segundo desde arriba), Photo
12, 9 (arriba); NASA, 16-17; Noun Project/Adrien Coquet, 22,
23, Esteban Sandoval, 7, 22, 23; rationalwiki/Unknown, 12-13;
Shutterstock/andrea crisante, portada, 1, BrianPIrwin, 19,
chrupka, 6, Fer Gregory, 2, 15, JohnWR, 3, 20-21,
ktsdesign, 10-11, Steve Lagreca, 14, ZAB Photographie,
portada, 1; Wikimedia Commons/Juergen Schiffmann,
9 (abajo), U.U. S. Air Force photo by Master Sgt. Rose
Reynolds, 2, 8, ZLEA, 9 (segundo desde abajo)

Impreso en China

¿Es real el Área 51?

Una imagen de un dron muestra una vista por encima del Área 51.

Sí, el Área 51 es real. Es una **base militar** de los Estados Unidos. El gobierno estudia y fabrica aviones allí. La base es famosa por las historias sobre naves extraterrestres. ¿Ha albergado alguna vez un objeto volador **no identificado**, o un ovni? Esa es otra pregunta.

¿Dónde se encuentra?

El Área 51 está en el sur de Nevada. Está en medio del desierto. Es parte del Campo de Pruebas y Entrenamiento de Nevada. Los secretos de la base están bien protegidos. La gente que no trabaja allí no puede acercarse.

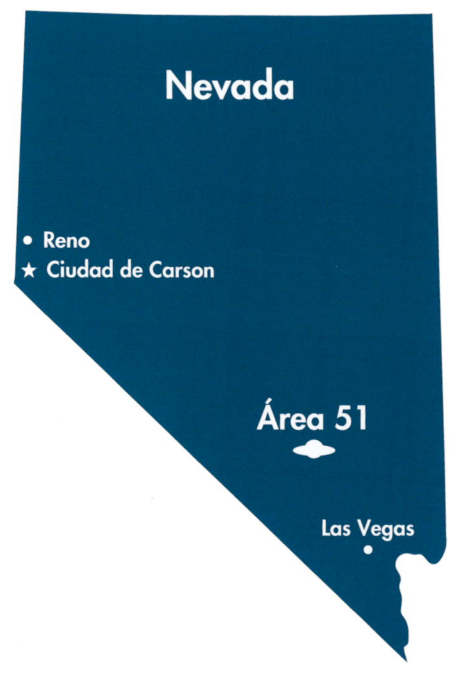

Los carteles de la base advierten a la gente de que se mantenga alejada.

OTROS NOMBRES PARA EL ÁREA 51

Aeropuerto de Homey

Rancho paraíso

La caja

El país de los sueños

Lago Groom

¿Por qué se creó?

En el Área 51 se construyeron aviones espía como el U-2 *Dragon Lady*.

En los años 50, el gobierno quería fabricar nuevos aviones para espiar a otros países. El desierto era el lugar perfecto para una base secreta. Nadie vivía cerca. El avión espía U-2 se fabricó en el Área 51.

A-12
SR-71 MIRLO
AZUL TÁCITO
DRONES
AVES DE PRESA

¿Cuándo empezaron las historias de ovni?

Los avistamientos extraños comenzaron poco después de la apertura de la base. En 1959, algunas personas dijeron haber visto un objeto verde brillante en el cielo. El objeto se movía más rápido que cualquier avión conocido. La gente probablemente vio vuelos de prueba de los nuevos aviones realizados en el Área 51.

Nadie sabe con certeza si Robert Lazar trabajó de verdad en el Área 51.

¿Y las naves extraterrestres?

En 1989, Robert Lazar dijo que trabajó en el Área 51. Dijo que estudió aviones extraterrestres para averiguar cómo funcionaban. Las autoridades niegan que trabajara allí. Los científicos sí estudiaron aviones en el Área 51. Pero los aviones sólo eran de otros países.

¿Dónde más se cuentan historias de los ovni?

La base secreta se ha relacionado con otras historias famosas. En 1947, algo se estrelló en Roswell (Nueva México). Los militares recogieron la nave. Más tarde, la población local dijo que era un ovni. No existe ninguna **prueba** de que se tratara de una nave alienígena.

HISTORIAS DEL ÁREA 51
Después de Roswell,
la gente empezó a
buscar pruebas de
platillos volantes.

¿Qué más está relacionado con el Área 51?

La base secreta se ve arrastrada a las teorías de la **conspiración**. Una teoría es que el alunizaje nunca pasó. Algunos dicen que las fotos y los videos se hicieron en el desierto, en el Área 51, en su lugar. No hay pruebas. Pero eso no impide que la gente repita la historia.

El primer alunizaje tuvo lugar en julio de 1969.

¿Qué ocurre hoy en el Área 51?

El Área 51 es una base activa. La Fuerza Aérea dice que es un centro de entrenamiento. Es probable que allí se prueben nuevas tecnologías. Su trabajo no está abierto al público. Los trabajadores no pueden hablar de ello.

No está permitido entrar en el Área 51. Las personas que rompan estas reglas pueden ir a la cárcel.

¿Por qué la gente intenta ir allí?

El trabajo en la base sigue siendo secreto. Viene gente de todo el país para ver si encuentran señales de vida extraterrestre. Hasta que la gente sepa con certeza lo que ocurre en el Área 51, sentirá curiosidad.

En las ciudades cercanas hay comedores y tiendas con temática alienígena.

HAZ MÁS PREGUNTAS

¿Cómo se frenan las teorías conspirativas?

¿Qué nueva tecnología podría provenir del Área 51 en el futuro?

Prueba con una GRAN PREGUNTA:
Si realmente se encontrara una nave extraterrestre en Área 51, ¿cómo cambiaría eso el mundo?

BUSCA LAS RESPUESTAS

Busca en el catálogo de la biblioteca o en el internet.
Pueden ayudarte tus padres, un bibliotecario o un maestro.

Uso de palabras clave
Encuentra la lupa.

Las palabras clave son las palabras más importantes en tu pregunta.

?

Si quieres saber sobre:

- cómo desacreditar teorías conspirativas, escribe: DESACREDITAR CONSPIRACIONES

- nueva tecnología aérea, escribe: NUEVA TECNOLOGÍA AÉREA